PE. RAFAEL MOREIRA
PE. LEONARDO MENDES SONCIN

# VIRGEM MARIA, MEDIADORA E COOPERADORA NA OBRA DA REDENÇÃO



COLEÇÃO ESCOLA DE MARIA
20

EDITORA
SANTUÁRIO

COORDENAÇÃO EDITORIAL: Ana Lúcia de Castro Leite
REVISÃO: Sofia Machado
DIAGRAMAÇÃO: Mauricio Pereira
CAPA: Núcleo de Criação do Santuário Nacional

**Dados Internacionais de Catalogação na Publicação (CIP) de acordo com ISBD**

M838v

Moreira, Rafael

Virgem Maria, mediadora e cooperadora na obra da redenção / Rafael Moreira, Leonardo Mendes Soncin. - Aparecida : Editora Santuário, 2024.
64 p. ; 14cm x 21cm.

Inclui bibliografia.
ISBN: 978-65-5527-396-0

1. Religião. 2. Cristianismo. 3. Virgem Maria. I. Soncin, Leonardo Mendes. II. Título.

2024-23

CDD 240
CDU 24

**Elaborado por Vagner Rodolfo da Silva - CRB-8/9410**

**Índice para catálogo sistemático:**
1. Religião : Cristianismo 240
2. Religião : Cristianismo 24

2ª impressão



Rua Pe. Claro Monteiro, 342 – 12570-045 – Aparecida-SP
Tel.: 12 3104-2000 – Televendas: 0800 - 0 16 00 04
www.editorasantuario.com.br
vendas@editorasantuario.com.br

# Apresentação

A reflexão aqui apresentada é fruto do Trabalho de Conclusão do Curso de pós-graduação em Mariologia, oferecido pela Academia Marial de Aparecida e a Faculdade Dehoniana. Os pesquisadores Leonardo Mendes Sonsin e Rafael Moreira se dedicaram a refletir sobre as temáticas da cooperação de Maria na obra da Redenção de seu Filho e a ação mediadora da Virgem Maria.

Padre Leonardo, em sua reflexão, apresenta que a Igreja é continuadora da missão deixada por Jesus Cristo. Redimir o gênero humano para gerar discípulos missionários é essencialmente o projeto de Deus. Maria, na obra da Redenção, oferece à Igreja o modelo perfeito de seguimento a Jesus, pois ela é a fiel cooperadora, aceitando ser a Mãe do Redentor e, ao receber aos pés da cruz o testamento da caridade divina, assumiu todo o gênero humano como seus filhos e suas filhas.

Padre Rafael Moreira apresenta sua pesquisa com o tema: A ação Mediadora da Virgem Maria, para apontar e elucidar a plena cooperação desta mulher no plano Salvífico de Deus para com a humanidade. Com estas páginas esperamos contribuir para uma reflexão teológica consistente sobre Maria, Mãe de Cristo e da Igreja. Boa leitura!

*Márcia Therezinha Miné Geraldo*
Doutoranda em Teologia

# 1

# A AÇÃO MEDIADORA DA VIRGEM MARIA

*Pe. Rafael Moreira*[1]

## Introdução

Cada dia mais a Igreja católica vem sendo alvo de críticas em sua doutrina, buscou tratar e comprovar, porém, sem a pretensão de esgotar, o tema da pessoa da Virgem Maria em sua função de mediadora. Desse modo, o conteúdo foi desenvolvido em três momentos por meio de estudos bibliográficos: a Sagrada Escritura, não de maneira puramente exegética, mas principalmente partindo da hermenêutica bíblica; o próprio Magistério em suas publicações; e outros autores e teólogos que escreveram sobre o assunto.

No primeiro momento, foi contemplada a dimensão da Teologia da Mediação, tratando sobre a questão terminológica desta em seus vários contextos, e, por fim, aplicando-a dentro do Mistério da Revelação Divina, ou seja, como Deus, no curso da História, apresenta-se à humanidade. Sabendo que a Plenitude da Revelação se dá em dois momentos, a

Criação e a Encarnação, este momento, para uma melhor percepção do assunto, traz alguns pontos específicos que exprimem tal realidade, como a criação e a história humana e, por fim, algumas pessoas das quais Deus se serve ao longo da História da Salvação.

O segundo momento se debruça sobre a Pessoa de Jesus Cristo como único Mediador, como o Caminho para se chegar ao Pai. A compreensão deste conteúdo é de suma importância para um reto entendimento a respeito da mediação de Maria, visto que certa deficiência na compreensão cristológica levou a grandes erros teológicos acerca da Virgem. Por fim, o terceiro momento trata sobre a ação Mediadora da Virgem Maria, mas de forma participativa e subordinada ao Filho, desenvolvendo-se à luz das Bodas de Caná encontrada no Evangelho escrito por João, segundo três expressões-chave: *Eles não têm mais vinho; Fazei tudo o que Ele vos disser; enchei e encheram, levai e levaram.* Nesta relação que a Mãe possui com o Filho, como uma ponte para a humanidade estabelecer uma relação profunda e eficaz com Jesus Cristo, o qual leva o homem à plenitude do ser homem.

## 1. O termo mediação e suas aplicações

Para se desenvolver a ação mediadora de Maria ante a Dogmática Cristológica, é necessário, primeiramente, compreender o que de fato é uma mediação, o que implica tal realidade e quais suas consequências.

Desse modo, é necessário esclarecer o que envolve uma situação mediada, quais elementos necessários e quais os pontos que possibilitam tal acontecimento.

Na língua portuguesa podem-se encontrar inúmeras formas de empregar o termo mediação, contudo todas apresentam um ponto em comum, que é o sentido de ligar ou de ficar entre duas partes, gerando entre elas um contato.

> Ato ou efeito de mediar. 2. Intervenção, intercessão, intermédio. [...] 3. Relação que se estabelece entre duas coisas, ou pessoas, ou conceitos, etc., por meio de uma terceira coisa, ou pessoa, ou conceito, etc. 4. Educ. Relação que se estabelece entre o professor, aluno o objeto de conhecimento, visando o aprofundamento do conhecimento. [...] 7. Jur. Processo pacífico de acerto de conflitos internacionais, no qual (ao contrário do que se dá na arbitragem) a solução é sugerida e não imposta às partes interessadas. [...] 10. Rel. Intercessão junto a uma divindade, para obter graça ou proteção. 11. Rel. Segundo a doutrina da Igreja Católica, função de Maria e dos Santos junto a Cristo e a Deus.[2]

Nesse sentido, quando se utiliza a palavra mediação, como plano de fundo, deve-se, sempre, avistar a ligação entre duas partes desligadas, ou uma união mais estreita que leva a uma realidade mais profunda e entrelaçada de significados.

Assim, a mediação ou o mediador é o instrumento que possibilita algo a mais, possibilita uma relação mais profunda e que pode mudar o sentido das coisas.

Portanto a mediação possui uma função de imensa grandiosidade no Plano Salvífico de Deus, fazendo com que o homem consiga entrar em contato com aquilo que não consegue apenas com seu esforço humano.

> Mediação, messianismo, redenção são conceitos estreitamente vinculados. O conceito de mediação, todavia, é o mais geral e inclui os outros dois. Segundo a história das religiões (tanto históricas como não históricas), a mediação consiste em fazer acessível o inacessível – a divindade transcendente – elevar o homem até ela. [...]. Mediação é reunião.[3]

Quando se fala de mediação, faz-se necessário perceber que tal realidade envolve um determinado tipo de relação. Por isso em um processo de mediação há, ao menos, duas partes envolvidas, as quais estão abertas a uma relação, a um contato mais profundo realizado por um terceiro.

> Mediador é aquele que, em nome e por encargo de Deus, efetua a reconciliação. Sua função não consiste em salvar Deus da irreconciliação, do afastamento encolerizado do homem, porque Deus mesmo tem a iniciativa da ação mediadora: Deus é o sujeito e não o objeto da mediação; ele não necessita se reconciliar com o homem; ele pede ao homem que se reconcilie com ele. O mediador é como o sacramento de Deus que quer reconciliar o homem consigo. Representa Deus diante dos homens. E os homens diante de Deus. Próprio do mediador é agir diante de Deus em favor dos homens por meio de orações e súplicas para apaziguar sua cólera.[4]

Aquele que é mediador, apenas pode desempenhar seu papel se conhece e se, também, está em contato com as duas partes. Desse modo, o mediador conhece a humanidade que busca por Deus, e o próprio Deus, o principal disposto a viver tal relação. Nesse sentido, desenrola-se o modo como se dá realmente essa mediação de Deus, que quer dar-se a conhecer e viver uma relação profunda e fecunda com os homens.

Deus, Ele mesmo, é o objeto da revelação. Ele quer se tornar conhecido, com sua sabedoria, mansidão e bondade e, para isso, deu-se a conhecer através de diversos meios, desde a própria Criação.

## 1.1. O homem como ser de mediações

O homem, em toda a sua existência, é plenamente envolvido em relações, por esse motivo pode-se afirmar que também é envolvido de mediações, não apenas em momentos específicos de sua vida, mas desde que nasce até quando encerra sua vida terrestre.

Essas mediações, com as quais o homem entra em contato em sua vida, são das mais variadas formas possíveis. Inicia-se com os pais, que conduzem a criança aos primeiros conhecimentos, aprendizados, contatos; depois a escola, onde entra em contato com o universo dos estudos; com o passar do tempo, o contato com a vida profissional, com a vida conjugal, com o avanço do mundo etc.

> O 'com' é determinação da presença. O 'também' significa a igualdade no ser enquanto ser-no-mundo que se ocupa dentro de uma circunvisão. 'Com' e 'também' devem ser entendidos existencialmente e não categorialmente. À base desse ser-no--mundo determinado pelo com, o mundo é sempre mundo compartilhado com os outros. O mundo da presença é mundo compartilhado. O ser-em é ser-com os outros. O ser-em-si intramundano desses outros é co-presença.[5]

Essa co-presença é uma ação intersubjetiva. Duas pessoas que não são espectadores estáticos e inertes no mundo, mas que se relacionam intensamente entre si e com as situações que nele ocorrem. Assim, prevalecerá, então, no processo de construção de cada um, toda uma sucessão de fatos que vão auxiliar e dar a possibilidade de escolha para cada indivíduo.

## 1.2. Deus que se revela na história humana

Na história da Salvação é possível perceber como Deus se utiliza de instrumentos que desempenham uma função de revelação, ou seja, instrumentos que façam essa ligação e relacionem Deus com os homens.

> O amantíssimo Deus, buscando e preparando solicitamente a salvação de todo o gênero humano, por singular disposição, escolheu para Si um povo ao qual confiaria as promessas. Contraída a aliança com Abraão (cf. Gn 15,18) e através de Moisés com o povo de Israel (cf. Êx 24,8), revelou-Se ao seu povo eleito por palavras e ações como o único Deus verdadeiro e vivo, de tal forma que Israel pôde conhecer por experiência quais os caminhos de Deus para com os homens.[6]

A humanidade, por sua vez, percebe e faz a experiência de Deus em sua história, principalmente por acontecimentos que se desencadeiam, tais como o dilúvio[7], a promessa a Abraão[8], a passagem do mar vermelho[9], o maná do deserto[10], a entrada na terra prometida[11] etc.

Diante dessa realidade de Deus, que se apresenta com ações na história humana, nasce aquilo que se chama de graça santificante e graça criada, ou seja, a profunda relação entre Deus, que age em tudo de maneira divina, e o homem que responde a essa ação.

### 1.3. Deus que se revela pela criação

Outra forma de contemplar a revelação de Deus está contida na própria criação, no mundo em que a humanidade está inserida. A partir do agir divino na história humana, e o homem que responde a essa ação, as coisas começam a revestir-se de significados, para além daquilo que se apresenta aos olhos.

> Da exatidão com que se percebe a imanência e a transcendência dependerá a qualidade da vida teológica do cristão. Falamos da ideia da mediação. Inclui-se naturalmente a experiência e seu uso adequado. A vida humana e espiritual se desenvolve ao redor do concreto e do sensível. Ao ser alcançado pela pessoa, esse horizonte da sensibilidade amplia e prolonga suas linhas, incorpora dimensões e as transcende. O espírito humano inicia sua percepção por meio de cores e da superfície, e prossegue em sua trajetória até tocar o essencial.[12]

Tal sensibilidade e capacidade do homem de transcender o sentido das coisas corresponde a conseguir perceber toda a graça e presença de Si, que Deus injetou nas coisas e na criação.

Ao fazer a experiência de Deus que fala ao coração, a humanidade começa a perceber, nas realidades criadas, traços e sinais de um criador, transformando toda a criação em uma forma de mediação. Assim, Deus injeta um sentido mais profundo em tudo aquilo que cria, e o homem percebe e compreende tal sentido.

## 1.4. Deus que se revela por meio de pessoas

Dentre essas pessoas, há algumas que, de maneira especial e mais evidente, desenvolveram tal função mediática na revelação de Deus. Contudo, deve ser clara a percepção de que elas desenvolveram algo em nome de Deus e não em seu próprio nome. Nessa categoria de mediação, inicialmente, destacam-se três personagens: o Anjo do Senhor, o Sacerdote e o Profeta.

### 1.4.1. O Anjo do Senhor

O anjo do Senhor é aquele que faz a ligação entre Deus e a humanidade, em inúmeros momentos.

> Do ponto de vista que nos ocupa, interessam especialmente as tradições nas quais 'o anjo do Senhor' *(mal'ak Yhwh)* ou 'o anjo do Deus' *(mal'ak 'elohîm)* transmite uma mensagem, dando a conhecer o futuro e indicando o que se deve fazer no presente.[13]

O encargo atribuído ao anjo de Deus, de ser enviado a dar uma mensagem, indicando o que fazer, é o que se tem de mais comum na Sagrada Escritura.

Há o contato do anjo com Agar, quando a encontra no deserto e lhe diz para voltar para Sarai e ser-lhe submissa, pois, assim, sua descendência seria multiplicada[14]. Depois, quando interveio na ação de Abraão, prestes a sacrificar o próprio filho que tanto amava, proferindo, em seguida, a promessa de uma grande descendência e bênção[15].

Há, também, no Novo Testamento, Anjos que manifestam às pessoas a vontade de Deus, como o anjo Gabriel, que anuncia a Zacarias que ele e Isabel conceberão um filho, mesmo na velhice, o qual preparará os corações e o caminho para o Senhor que viria16. O mesmo anjo que anunciara à Virgem Maria que ela iria conceber e dar à luz um Filho, que seria chamado Filho do Altíssimo, cujo reino nunca terá fim[17]. E o Anjo do Senhor que se manifesta a José em sonho, dizendo-lhe para receber Maria e seu Filho, pois este fora gerado pela ação do Espírito Santo[18].

### 1.4.2. O Sacerdote

Outra figura considerada como alguém que desempenhava uma mediação era o Sacerdote, tanto no Templo como nas visões.

> Se recordarmos a enorme importância dos sacerdotes mesopotâmicos e egípcios na adivinhação e comunicação de oráculos divinos, é lógico admitir que em Israel ocorria algo parecido. De fato, alguns procedimentos de adivinhação mencionados no capítulo anterior eram tipicamente sacerdotais. Por isso, em tradições antigas, particularmente da época de Saul e Davi, não estranha encontrar o sacerdote atuando como adivinho em favor do rei.[19]

O fato de os sacerdotes possuírem essa função de adivinhos não é difícil de se encontrar na Sagrada Escritura, como, por exemplo, quando os Danitas estão à procura de território e pedem para o sacerdote consultar a Deus, o qual, em seguida, responde em nome do Senhor[20]; também, na consulta de Davi, por intermédio do Sacerdote Aquimelec[21]. Nota-se aqui que, na grande maioria, a consulta era sobre guerras.

Há, também, os Sacerdotes que desempenham uma função de mediação no templo, fazendo sacrifícios e orando em prol de seu povo, como Aarão, que usa um peitoral para levar o nome dos israelitas sobre o coração, ao adentrar o santuário diante de Iahweh[22]; também, durante a consagração do altar, oferece-se um bezerro em sacrifício pelos pecados[23].

### 1.4.3. O profeta

Ainda no Antigo Testamento, o modo mais direto do qual Deus se utilizou para entrar em contato com a humanidade, tanto para lhe falar, quanto para lhe ouvir, foi por meio de profetas. Não obstante ser justo afirmar que eles não são os únicos inspirados, a clareza e a força do Espírito neles se manifesta de maneira mais evidente[24].

Além disso, o que deve ficar claro é que o profeta é, sim, um mediador entre Deus e os homens, porém, assim como o Anjo e o Sacerdote, ele não traz isso como algo que lhe pertence por si só, mas é sempre através de uma ação primária de Deus que o convoca. Desse modo, o profeta não é aquele que transmite algo que tem como propriedade sua, mas é apenas um canal de que Deus se utiliza como instrumento.

> De fato, a autoridade e originalidade do profeta vêm de sua experiência privilegiada: ele conhece Javé, pois Javé lhe falou e confiou sua palavra. Foi admitido a uma intimidade toda especial junto de Deus: chamado a partilhar do seu conhecimento, seus desígnios, suas vontades, para interpretá-los junto aos homens.[25]

## 2. Cristo, a plenitude da revelação divina

Pode-se perceber que a ação de Deus na história se desenvolve constantemente na realidade humana, revestindo-a com um novo caráter, que é ser História da Salvação. Contudo é necessário deixar claro que todo esse desenrolar da História da Salvação possui um ápice, ou seja, um ponto alto, que completa e dá sentido a tudo o que se realizou. O ápice, no entanto, não é um acontecimento, como a passagem do mar Vermelho[26], mas, sim, uma pessoa, Jesus Cristo, Filho do Pai, encarnado no seio de uma virgem[27].

O ato da encarnação, ao mesmo tempo em que completa tudo o que já havia acontecido, supera completamente todas essas maneiras da manifestação e revelação divina, pois, no ato da encarnação, ocorre a completa união entre o homem e Deus, uma vez o próprio Deus assumindo tal condição.

> A primeira fala do ser gira em torno do fato de existir um ser humano que é Deus, sendo assim ao mesmo tempo homem e Deus; esse fato extraordinário torna-se para ela o elemento decisivo de tudo. Diante desse acontecimento da união entre o homem e Deus, a encarnação de Deus, todos os eventos isolados posteriores tornam-se irrelevantes, porque são apenas secundários quando comparados com a fusão entre Deus e o homem que aparece como o fato realmente decisivo e redentor, como o verdadeiro futuro do ser humano, para o qual devem convergir enfim todas as linhas.[28]

Esse evento Salvífico da Encarnação é, por Si mesmo, a mais sublime forma de Deus se fazer presente na vida dos homens, de maneira completa, tornando-se partícipe real e pessoal na história humana.

Assim, não há o que possa ser acrescentado ou retirado da Revelação Divina na Pessoa de Jesus Cristo, como afirma o Concílio Vaticano II:

> A economia cristã, como aliança nova e definitiva, jamais passará e não há que esperar nenhuma nova revelação pública antes da gloriosa manifestação de Nosso Senhor Jesus Cristo.[29]

Ao revelar o Pai, Jesus se torna o Caminho para a Salvação. Isso representa algo novo para a humanidade que, agora, pode dirigir-se a Deus por Cristo, com Cristo e em Cristo, de maneira plena e total.

Portanto pode-se afirmar que tudo aquilo que Deus realizou na obra da criação foi revelando e deixando seus sinais para o homem poder percebê-lo, entrar em sua total plenitude.

> Depois de ter falado muitas vezes e de muitos modos pelos Profetas, Deus 'ultimamente, nestes dias, falou-nos pelo Filho'. Com efeito, Ele enviou Seu Filho, o Verbo eterno que ilumina todos os homens, para que habitasse entre os homens e lhes expusesse os segredos de Deus. Jesus Cristo, portanto, Verbo feito carne, enviado como 'homem aos homens', 'profere as palavras de Deus' e consuma a obra salvífica que o Pai lhe confiou. Eis por que Ele, ao qual quem vê vê o Pai, pela plena manifestação de Si mesmo por palavras e obras, sinais e milagres, e especialmente por Sua morte e gloriosa ressurreição dentre os mortos, enviando finalmente o Espírito de Verdade, aperfeiçoa e completa a revelação e a confirma com o testemunho divino que Deus está conosco para libertar-nos das trevas do pecado e da morte e para ressuscitar-nos para a vida eterna.[30]

Nesse sentido, pode-se afirmar que todas as realidades as quais Deus se serviu como instrumentos de revelação desempenharam tal missão, devido a uma concessão Divina, ou seja, por benevolência de Deus. Entretanto, Jesus

Cristo não realiza o ato de Revelar a Deus por uma concessão, mas sim, pelo fato de ser o Revelador, por excelência, por sua própria Essência e Natureza.

Compreender tal aspecto é extremamente relevante ao se considerar a importância das mediações do Antigo Testamento e, até mesmo, daquelas que se realizam depois de Cristo, pois é nele que se concretizam e recebem sentido todas as tentativas de ligação e da busca incessante do coração humano por Deus.

> Ele reuniu e uniu [...] o homem a Deus. Pois, se não tivesse sido um homem a vencer o adversário do homem, o inimigo não teria sido vencido em toda a justiça. Em contrapartida, se não fosse Deus quem nos tivesse outorgado a salvação, não a teríamos recebido de maneira estável [...]. Pois era preciso que o 'Mediador de Deus e dos homens' (1Tm 2,5), por seu parentesco com cada uma das partes, reconduzisse ambas à amizade e à concórdia, de modo que ao mesmo tempo Deus acolhesse o homem e o homem se oferecesse a Deus.[31]

Portanto, afirma-se que Jesus é o Único Mediador; não simplesmente no sentido de transmitir uma mensagem, mas qualitativamente, sendo capaz de transformar uma realidade em sua mais profunda natureza.

Cristo, revelando todo o Plano de Salvação do Pai, torna-se fonte de todas as formas de condução do homem a Deus, aquilo que se nomeia como participação no Único Mistério de Cristo. Contudo, nada pode acontecer fora dessa realidade e relação.

## 3. A mediação de Maria como participação

A mediação, após a pessoa de Jesus, apresenta-se de maneira completamente nova, ou seja, não acontece mais por concessão, mas pela participação nos méritos Redentores de Jesus Cristo.

A plena novidade da mediação em Jesus Cristo é seu caráter de envolvimento existencial com seu Mistério Pascal; não mais como um ato pontual, de função específica na história. A mudança ontológica pela qual o ser humano é envolvido faz com que, mesmo não sendo próprio de sua natureza, a humanidade insira-se em um evento configurativo, ou seja, possa desempenhar em sua história aquilo que é próprio de Jesus Cristo: a mediação.

A partir dessa perspectiva, a ação mediadora de Maria deve ser vista como uma ação participativa, cujo valor não está incutido na própria natureza de Maria, mas em sua participação no Mistério Pascal de seu Filho Jesus Cristo.

> Cristo Jesus é o mediador entre Deus e os homens por excelência, como causa principal. Maria é mediadora por analogia, como causa secundária. Ela coopera com Cristo tanto no ato redentor como na acolhida da ação redentora por parte de cada indivíduo; e isso assim acontece porque Maria esteve unida estreitamente a seu Filho durante sua existência histórica e atualmente o segue estando na glória.[32]

Todavia, ao se discorrer sobre Maria, é necessário sempre ter como plano de fundo o fato de que sua ação mediadora é de causa secundária, acontece com toda a sua eficácia ligada impreterivelmente à pessoa do Filho, e jamais sem essa relação. Isso, de tal maneira, que decorre dos méritos de Jesus Cristo como Único Mediador, sendo nele a fonte donde emana toda a ação[33] mediadora de Maria.

> A ideia central da posição de Maria na Igreja, segundo a LG, é a de sua mediação, mas enquanto 'mediação Participada' da única mediação de Cristo, como exprime J. Newman. É uma mediação por Cristo, com Cristo (mas não em plena simetria e em Cristo, nunca, porém, sem Cristo ou no lugar de Cristo).[34]

Fica claro, portanto, que não há possibilidade de se falar de Maria sem estabelecer uma necessária relação com Jesus Cristo.

De modo concomitante, Maria engrandece a Única Mediação de Jesus Cristo, enquanto Ele fundamenta a ação dela. Assim, é encontrada justa razão para que a Igreja possa proclamá-la como aquela que, em profunda cooperação na ação do Filho, também realiza uma mediação.

> Todavia a materna missão de Maria a favor dos homens de modo algum obscurece nem diminui esta mediação única de Cristo, mas até ostenta sua potência, pois todo o salutar influxo da Bem-Aventurada Virgem a favor dos homens não se origina de alguma necessidade interna, mas do divino beneplácito.[35]

Nesse sentido, a ação mediadora não parte de uma vontade ou um desejo puramente humano de Maria, mas exprime o sempre atual desejo de Deus de servir-se de pessoas para conduzir a humanidade a Si, como o que se realiza através do *Fiat* de Maria, no ato da Encarnação.

Desse modo, Maria, de maneira alguma, pode ser colocada em paridade com o ato de Redimir e Mediar de Jesus Cristo, podendo, inegavelmente, porém, ser proclamada como aquela que cooperou plenamente na obra da redenção humana e, na pessoa do Filho, realiza mediação plena, de modo subordinado à universalidade de Jesus Cristo.[36]

> Por fim, o Magistério conciliar sublinha, mais uma vez, que a mediação de Maria não aparece como algo interposto entre nós e Cristo, como se a Virgem fosse uma intermediária. Não, ela cumpre uma mediação que, de certa forma, 'imediatiza' nossa relação com o Mediador de modo que: '...os fiéis, encorajados por esta maternal proteção, mais intimamente adiram ao Mediador...'. De resto, o Concílio já havia declarado no número anterior que a 'missão materna de Maria... favorece a união imediata com Cristo'. Diríamos, pois que ela não está entre nós e Cristo, mas como que a nosso lado, para nos levar diretamente a Ele. Maria pode, assim, ser vista como o caminho mais direto, curto e rápido para Cristo[37].

Assim, a ação mediadora recebe um sentido todo peculiar, justamente pela relação que ela obteve através de toda a sua maternidade para com Jesus Cristo. Seu pleno significado como Mãe da Divina Graça não está em apenas ser mãe, mas em conduzir todos os homens à Graça, que é o próprio Jesus, com seu exemplo de abertura e fidelidade.

À luz da passagem das bodas de Caná, é possível observar, de maneira muito peculiar, e profunda, essa relação mediadora que Maria realiza.

### 3.1. "Eles não têm mais vinho"[38]

No episódio das Bodas de Caná, Maria conduz a humanidade à pessoa de Jesus Cristo, seu filho, com toda a situação vivida ali.

Porém, ela é aquela que primeiro percebeu o embaraço daquela gente que talvez não tivesse muitas posses, e quando chamou a atenção de seu filho para a situação, certamente não o fez porque esperava dele um milagre (até então, ele não havia realizado nenhum: Jo 2,11), mas porque tinha a esperança de que ele encontrasse uma saída. O que se deve notar aqui é o olhar de Maria para a necessidade dos pobres, e seu sentimento instintivo de que o filho tinha de ficar sabendo a respeito, e que ele poderia ajudar de alguma maneira.[39]

Entre tantos que estavam na festa das núpcias, Maria é aquela que consegue perceber, em sua sutileza, a falta de vinho, que era a bebida básica do casamento, em que se este viesse a faltar acabaria tristemente a festa[40], pois na realidade dos festejos o vinho era um dos elementos mais importantes[41]. Maria, ao apresentar ao Filho a necessidade daqueles noivos: "Eles não têm mais vinho"[42], inicia uma profunda relação entre Jesus e os envolvidos na situação.

À luz dessa perspectiva, compreende-se a mediação de Maria, não como uma semideusa, nem como realizadora de milagres, mas como aquela que conduz a humanidade por completo, com todas as suas dificuldades, a Cristo. Ela aponta para aquele que pode resgatar a humanidade, cooperando, assim, na Redenção humana.

### 3.2. "Fazei tudo o que ele vos disser"[43]

A ação que Maria desempenha, no entanto, não é apenas para com a pessoa do Filho, mas também para com a humanidade, ou seja, conduzindo-a e auxiliando na obediência a Jesus Cristo.

> Mas ela faz isso de maneira mais admirável, em que tudo se manifesta ao mesmo tempo: sua completa falta de interesse próprio e sua total entrega à vontade do filho, mas também sua inabalável esperança; e é justamente pela sua não insistência, pela ausência de querer fazer prevalecer sua própria vontade, que ela vence, e a hora da cruz é antecipada: não é, ainda, o vinho que se torna sangue, mas a água que se torna vinho: "fazei tudo o que ele vos disser". É provável que em nenhum outro lugar o modo de agir de Maria esteja mais presente, como um todo, de que nessas palavras.[44]

É possível, assim, perceber que tudo aquilo que se refere a Maria é um constante esvaziamento de si mesma e uma perfeita adesão ao plano salvífico de Deus. Nesse sentido, toda a ação da Virgem Maria não se volta, em nenhum momento, para si, mas sempre como direcionamento para aquele que é o Redentor e Mediador.

Dessa maneira, realiza-se, por intermédio de Maria, a plena comunhão e relação entre Jesus e a humanidade. Maria leva toda a realidade humana ao Filho que, por sua vez, acolhe e, por meio dela, envolve os noivos na graça do milagre.

Desse modo, à luz das Bodas de Caná, pode-se perceber perfeitamente que Maria desempenha uma função sublime de Mediadora. Não realiza o milagre, mas torna-se canal para que a relação entre o Filho, Jesus Cristo, e a humanidade se estabeleça; não para um momento em particular, mas envolvendo plenamente as duas realidades, auxiliando na transformação da Antiga para a nova Aliança que se faz.

### 3.3. "Enchei e encheram, levai e levaram"[45]

Pela mediação de Maria, iniciam-se o diálogo e a relação pessoal de Jesus Cristo com os servidores. Jesus oferece à humanidade a resposta para seu problema, e os servidores, encorajados pela palavra de Maria, em atitude de plena confiança, não questionam, apenas vivem a obediência à Palavra de Jesus.

> Os servidores obedecem fielmente a tudo o que Jesus diz. Enchei e encheram, levai e levaram. Essa perfeita execução das palavras de Jesus foi o fruto do convite de Maria. Sua tarefa constituiu em ser mediadora entre Jesus e os servidores. [...]. Os servidores que obedecem a Jesus representam o novo povo de Deus, os discípulos de Jesus que seguem fielmente seu Mestre servem-no e se mantêm a seu lado.[46]

É na confiança e na obediência que a graça de Deus e o milagre acontecem. Em toda a revelação divina e no ato de mediar, em toda a história da Salvação, é perceptível a profunda relação de Deus, que quer dar-se a conhecer, e do homem que, iluminado pelos mediadores, torna-se capaz de abrir seu coração.

> 'Enchei' – 'Encheram'; 'Tirai... e levai' – 'Levaram'. É a obediência redobrada à Palavra de Cristo, uma obediência a toda a prova, que 'faz milagres': ela enche o vazio das talhas, símbolo da espera vétero-testamentária, que então se preenche.[47]

A ação mediadora da Virgem Maria entre Jesus e os servidores se faz tão eficaz que, uma vez estando concluída, Maria não aparece mais no texto, seu objetivo não é o de ser uma ponte constante, mas de conduzir, acompanhar e permanecer junto à nova relação instaurada, de maneira que ela é apenas referida novamente ao fim do relato[48].

Desse modo, Maria realiza sim uma mediação, porém, com o Filho, Jesus Cristo. A partir de sua constatação daquilo que faltava para a humanidade, ela de forma materna intercede pelos noivos. Jesus acolhe e, por encontrar corações obedientes e confiantes, realiza o milagre e manifesta sua Glória[49].

Portanto, Maria não deve ser o objetivo cristão, mas nos conduz para Aquele que é, assim como afirmou o papa Paulo VI:

> Maria é sempre caminho que leva a Cristo. Nenhum encontro com ela pode deixar de ser encontro com o próprio Cristo. E que outra coisa significa o recurso contínuo, a Maria, senão procurar, entre os seus braços, nela, por ela, e com ela, Cristo nosso Salvador, a quem os homens, no meio dos desvarios e dos perigos da terra, têm o dever e sentem constante necessidade de dirigir-se, como o porto de salvação e fonte transcendente de vida?[50]

Igual afirmação pode ser encontrada, também, no discurso de Pio X, no cinquentenário da proclamação do dogma da Imaculada Conceição:

> Por conseguinte, como já acenamos, ninguém é mais eficaz que a Virgem para unir os homens a Jesus. Se, de fato, conforme a doutrina do divino Mestre, 'a vida eterna consiste em conhecer a ti, o Deus único e verdadeiro, e a Jesus Cristo, aquele que enviastes' (Jo 17,3), Como chegamos por Maria a conhecer Jesus Cristo, também por meio dela nos é mais fácil obter aquela vida da qual ele é o princípio e a fonte.[51]

Assim, a função mediadora da Virgem Maria, de maneira alguma existe para exaltar ou glorificar a própria pessoa de

Maria, mas, por meio dela e de sua ação, glorificar seu Filho, Jesus Cristo, a fonte donde emana toda graça, e meta para a qual a Virgem caminha junto com a humanidade.

## Considerações finais

Após todo o estudo realizado, conclui-se que há realmente uma mediação de Maria, valendo-se como justo o título que a Igreja concede de Nossa Senhora Medianeira. Contudo, nota-se, também, que há uma profunda e grande necessidade de uma clarificação das terminologias usadas, a fim de que possam exprimir a grandiosidade do Mistério de Deus que se realiza, sem, porém, confundir com a Missão Salvífica, que é única e exclusiva da Pessoa de Jesus Cristo.

Desse modo, desde o princípio e em todo o processo da História da Salvação, houve uma ação mediadora, que não se difere em seu fim de estabelecer uma relação entre duas pessoas, mas, sim, em sua dimensão qualitativa.

A partir dessa perspectiva, é possível uma melhor compreensão das mais variadas formas de mediação. Assim, em todos os relatos do Antigo Testamento, por concessão divina, confere-se a algumas pessoas ou a fatos históricos a missão de serem instrumentos para conduzir a humanidade a Ele. Contudo, o exercício de tal função não está ligado diretamente à natureza daqueles eventos ou daquelas pessoas, não é algo próprio de sua essência.

Da mesma maneira, na dimensão qualitativa, é possível afirmar, com toda a convicção, que Jesus Cristo, o Filho do

Deus vivo, é o único Mediador entre Deus e os homens; por sua essência divina apresenta em Si a plenitude de Deus; por sua encarnação leva e conduz a humanidade a Deus. Quão profunda é a dimensão de sua mediação, que a relação entre os homens e Deus não é mais uma relação de um Deus superior com um Povo que caminha sem mesmo poder pronunciar seu Nome, mas, agora, no Filho, reconhece e chama a Deus de Pai, volta-se a Ele e pede dentro de uma relação filial.

Por fim, Maria, que, desde seu *Fiat,* coopera plenamente para a Salvação da humanidade, conduzindo todos para seu Filho, em sua maternidade espiritual para com a humanidade, continua, ainda hoje, cooperando com sua regeneração, conduzindo-a para Aquele que plenifica o homem.

Assim, Maria é, sim, Mediadora, não por seu próprio querer ou por sua própria natureza, mas o realiza em vista da conquista e dos méritos de Nosso Senhor Jesus Cristo, expressando e potencializando a Única ação do Filho.

# NOTAS

[1] Sacerdote da Diocese de Ponta Grossa – Paraná. Formado em Filosofia e Teologia no Instituto de Filosofia e Teologia *Mater Ecclesiae* – IFITEME (Ponta Grossa).

[2] FERREIRA, Aurélio Buarque de Holanda. *Dicionário Aurélio da Língua Portuguesa.* 5.ed. Curitiba: Positivo, 2010. p. 1361.

[3] PAREDES, José Cristo Rey García. *Mariologia.* Síntese bíblica, histórica e sistemática. Trad.: José Joaquim Sobral. 2. ed., São Paulo: Ave-Maria, 2013. p. 369.

[4] PAREDES, José Cristo Rey García. *Mariologia.* Síntese bíblica, histórica e sistemática. Trad.: José Joaquim Sobral. 2. ed., São Paulo: Ave-Maria, 2013. p. 369.

[5] HEIDEGGER, Martin. *Ser e tempo.* Bragança Paulista: Editora Universitária São Francisco, 2008. p.174.

[6] CONSTITUIÇÃO *DEI VERBUM.* Sobre a Revelação Divina. In: *CONCÍLIO VATICANO II.* 1962-1965. Vaticano II: Constituições, decretos e declarações. 29. Ed. Petrópolis: Vozes, 2000. n. 14.

[7] Cf. GÊNESIS. In: BÍBLIA. Português. *A Bíblia de Jerusalém.* Nova ed. rev. e ampl. São Paulo: Paulus, 2006. 7,17. p. 44.

[8] Ibidem, 12, 1-3. p. 49.

[9] Cf. ÊXODO. In: BÍBLIA. Português. *A Bíblia de Jerusalém.* Nova ed. rev. e ampl. São Paulo: Paulus, 2006. 14, 15-31. p. 121-122.

[10] Ibidem, 16, 4. p. 124.

[11] Cf. JOSUÉ. In: BÍBLIA. Português. *A Bíblia de Jerusalém.* Nova ed. rev. e ampl. São Paulo: Paulus, 2006. 1, 1ss. p. 314.

[12] SALVADOR, Federico Ruiz. *Compêndio de teologia espiritual.* Trad.: Antivan G. Mendes. São Paulo: Loyola, 1996. p. 68.
[13] SICRE, José Luís. *Profetismo em Israel.* O profeta. Os profetas. A mensagem. Petrópolis: Vozes,1996. p. 67.
[14] Cf. GÊNESIS. In: BÍBLIA. Português. *A Bíblia de Jerusalém.* Nova ed. rev. e ampl. São Paulo: Paulus, 2006. 6, 7ss. p.54.
[15] Ibidem, 22, 11-12.15-18. p. 61-62.
[16] Cf. LUCAS. In: BÍBLIA. Português. *A Bíblia de Jerusalém.* Nova ed. rev. e ampl. São Paulo: Paulus,2006. 1,11ss. p. 1786-1787.
[17] Cf. LUCAS. In: BÍBLIA. Português. *A Bíblia de Jerusalém.* Nova ed. rev. e ampl. São Paulo: Paulus,2006. 1, 26-38. p. 1787.
[18] Cf. MATEUS. In: BÍBLIA. Português. *A Bíblia de Jerusalém.* Nova ed. rev. e ampl. São Paulo: Paulus, 2006. 1, 20-24.
[19] SICRE, José Luís. *Profetismo em Israel.* O profeta. Os profetas. A mensagem. Petrópolis: Vozes,1996. p. 68.
[20] Cf. JUÍZES. In: BÍBLIA. Português. *A Bíblia de Jerusalém.* Nova ed. rev. e ampl. São Paulo: Paulus, 2006. 18, 5-6. p. 377.
[21] Cf. PRIMEIRO SAMUEL. In: BÍBLIA. Português. *A Bíblia de Jerusalém.* Nova ed. rev. e ampl. São Paulo: Paulus, 2006. 22, 10-15.
[22] Cf. EXÔDO. In: BÍBLIA. Português. *A Bíblia de Jerusalém.* Nova ed. rev. e ampl. São Paulo: Paulus,2006. 28, 29-30. p. 143.
[23] Ibidem, 29, 36. p. 145.
[24] SCHÖKEL, L. Alonso. *A Palavra inspirada.* A Bíblia à luz da ciência da linguagem. São Paulo: Loyola, 1992. p. 60.
[25] LATOURELLE, René. *Teologia da Revelação.* 2. ed., São Paulo: Paulinas, 1981. p. 29.
[26] Cf. ÊXODO. In: BÍBLIA. Português. *A Bíblia de Jerusalém.* Nova ed. rev. e ampl. São Paulo: Paulus,2006. 14, 15-31. p. 121-122.
[27] Cf. LUCAS. In: BÍBLIA. Português. *A Bíblia de Jerusalém.* Nova ed. rev. e ampl. São Paulo: Paulus,2006. 1,30-33. p. 1787.
[28] RATZINGER, Joseph. *Introdução ao Cristianismo.* Preleções sobre o Símbolo Apostólico com um novo ensaio introdutório. Trad.: Alfred J. Keller. 8. ed. São Paulo: Loyola, 2005. p. 171.

[29] CONSTITUIÇÃO *DEI VERBUM*. Sobre a Revelação Divina. In: *CONCÍLIO VATICANO II*. 1962-1965. Vaticano II: mensagens, discursos, documentos. 29. ed. Petrópolis: Vozes, 2000. n. 4, p. 123.

[30] CONSTITUIÇÃO *DEI VERBUM*. Sobre a Revelação Divina. In: *CONCÍLIO VATICANO II*. 1962-1965. Vaticano II: mensagens, discursos, documentos. 29. ed. Petrópolis: Vozes, 2000. n. 4, p. 123.

[31] SESBOÜÉ, Bernard; Wolinski, J. *História dos Dogmas*. O Deus da Salvação. Tomo I. Trad.: MarcosBagno. São Paulo: Loyola, 2002. p. 152.

[32] PAREDES, José Cristo Rey García. *Mariologia*. Síntese bíblica, histórica e sistemática. Trad.: JoséJoaquim Sobral. 2. ed., São Paulo: Ave-Maria, 2013. p. 367.

[33] Cf. CONSTITUIÇÃO *LUMEN GENTIUM*. Sobre a Igreja. In: *CONCÍLIO VATICANO II*. 1962-1965.Vaticano II: Constituições, decretos e declarações. 29. ed. Petrópolis: Vozes, 2000, n. 60. p. 108.

[34] BOFF, Clodovis Maria. *Introdução à Mariologia*. Petrópolis: Vozes, 2004. p. 105.

[35] CONSTITUIÇÃO *LUMEN GENTIUM*. Sobre a Igreja. In: *CONCÍLIO VATICANO II*. 1962-1965.Vaticano II: Constituições, decretos e declarações. 29. ed. Petrópolis: Vozes, 2000. n. 60. p. 108.

[36] GALOT. Jean. *Maria e a fé*. Trad.: Valeriano de Oliveira. São Paulo: Quadrante, 2012. p. 67-68.

[37] BOFF, Clodovis Maria. *Dogmas Marianos*. Síntese catequético-pastoral. 5. ed. São Paulo: Ave-Maria, 2010. p. 60-61.

[38] JOÃO. In: BÍBLIA. Português. *A Bíblia de Jerusalém*. Nova ed. rev. e ampl. São Paulo: Paulus, 2006. 2, 3. p. 1846.

[39] BALTHASAR, Hans Urs von. *Maria para hoje*. Trad.: Ney Vasconcelos de Carvalho. São Paulo: Paulus, 2016. p. 61.

[40] Cf. MURAD, Afonso. *Maria, Toda humana e tão de Deus*. Compêndio de Mariologia. São Paulo:Paulinas, Santuário, 2012. p. 91.

[41] Cf. PAREDES, José Cristo Rey García. *Mariologia*. Síntese bíblica, histórica e sistemática. Trad.: José Joaquim Sobral. 2. ed., São Paulo: Ave-Maria, 2013. p. 139.

[42] JOÃO. In: BÍBLIA. Português. *A Bíblia de Jerusalém*. Nova ed. rev. e ampl. São Paulo: Paulus, 2006. 2, 3. p. 1846.

[43] Ibidem, 2,5. p. 1846.

[44] BALTHASAR, Hans Urs von. *Maria para hoje*. Trad.: Ney Vasconcelos de Carvalho. São Paulo: Paulus, 2016. p. 62.

[45] Cf. JOÃO. In: BÍBLIA. Português. *A Bíblia de Jerusalém*. Nova ed. rev. e ampl. São Paulo: Paulus, 2006. 2,8. p. 1846.

[46] PAREDES, José Cristo Rey García. *Mariologia*. Síntese bíblica, histórica e sistemática. Trad.: José Joaquim Sobral. 2. ed., São Paulo: Ave-Maria, 2013. p. 143.

[47] BOFF, Clodovis Maria. *Introdução à Mariologia*. Petrópolis: Vozes, 2004. p. 77.

[48] Cf. JOÃO. In: BÍBLIA. Português. *A Bíblia de Jerusalém*. Nova ed. rev. e ampl. São Paulo: Paulus,2006. 2, 12. p. 1846.

[49] Cf. JOÃO. In: BÍBLIA. Português. *A Bíblia de Jerusalém*. Nova ed. rev. e ampl. São Paulo: Paulus, 2006. 2,11. p. 1846.

[50] PAULO VI, Papa. A Virgem Maria. Segundo o Bem-Aventurado Papa Beato Paulo VI. In: STEINER,Dom Leonardo U.; KRIEGER, Dom Murilo S. R. (Orgs). *CONFERÊNCIA NACIONAL DOS BISPOS DO BRASIL*. Coleção Theotókos, v.11. Brasília: CNBB, 2016. p. 31-32.

[51] PIO X, Papa. *Ad diem illum laetissumum*. Sobre o cinquentenário da proclamação do dogma da Imaculada Conceição. In: STEINER, Dom Leonardo U.; KRIEGER, Dom Murilo S. R. (Orgs). *CONFERÊNCIA NACIONAL DOS BISPOS DO BRASIL*. Coleção Theotókos, v. 7. Brasília: CNBB, 2016. p. 11.

# REFERÊNCIAS


BÍBLIA. Português. A Bíblia de Jerusalém. Nova ed. rev. e ampl. São Paulo: Paulus, 2006. *CONSTITUIÇÃO DEI VERBUM*. Sobre a Revelação Divina. In: *CONCÍLIO VATICANO II. 1962-1965*. Vaticano II: Constituições, decretos e declarações. 29. ed. Petrópolis: Vozes, 2000.

CONSTITUIÇÃO *LUMEN GENTIUM*. Sobre a Igreja. In: *CONCÍLIO VATICANO II*. 1962-1965. Vaticano II: Constituições, decretos e declarações. 29. ed. Petrópolis: Vozes, 2000.

PAULO VI, Papa. A Virgem Maria. Segundo o Bem-Aventurado Papa Beato Paulo VI. In: STEINER, Dom Leonardo U.; KRIEGER, Dom Murilo S. R. (Orgs). *CONFERÊNCIA NACIONAL DOS BISPOS DO BRASIL*. Coleção Theotókos, v.11. Brasília: CNBB, 2016.

PIO X, Papa. *Ad diem illum laetissumum*. Sobre o cinquentenário da proclamação do dogma da Imaculada Conceição. In: STEINER, Dom Leonardo U.; KRIEGER, Dom Murilo S. R. (Orgs). *CONFERÊNCIA NACIONAL DOS BISPOS DO BRASIL*. Coleção Theotókos, v. 7. Brasília: CNBB, 2016.

BALTHASAR, Hans Urs von. *Maria para hoje*. Trad.: Ney Vasconcelos de Carvalho. São Paulo: Paulus, 2016.

BOFF, Clodovis Maria. *Dogmas Marianos*. Síntese catequético-pastoral. 5. ed. São Paulo: Ave-Maria, 2010.

_______. Introdução à Mariologia. Petrópolis: Vozes, 2004.

FERREIRA, Aurélio Buarque de Holanda. *Dicionário Aurélio da Língua Portuguesa*. 5. ed. Curitiba: Positivo, 2010.

GALOT. Jean. *Maria e a fé*. Trad.: Valeriano de Oliveira. São Paulo: Quadrante, 2012.

HEIDEGGER, Martin. *Ser e tempo*. Bragança Paulista: Editora Universitária São Francisco, 2008.

LATOURELLE, René. Teologia da Revelação. 2. ed., São Paulo: Paulinas, 1981.

MURAD, Afonso. *Maria, Toda humana e tão de Deus*. Compêndio de Mariologia. São Paulo: Paulinas, Santuário, 2012.

PAREDES, José Cristo Rey García. *Mariologia*. Síntese bíblica, histórica e sistemática. Trad.: José Joaquim Sobral. 2. ed., São Paulo: Ave-Maria, 2013.

RATZINGER, Joseph. *Introdução ao Cristianismo*. Preleções sobre o Símbolo Apostólico com um novo ensaio introdutório. Trad.: Alfred J. Keller. 8. ed. São Paulo: Loyola, 2005.

SALVADOR, Federico Ruiz. *Compêndio de teologia espiritual*. Trad.: Antivan G. Mendes. São Paulo: Loyola, 1996.

SCHÖKEL, L. Alonso. *A Palavra inspirada*. A Bíblia à luz da ciência da linguagem. São Paulo: Loyola, 1992.

SESBOÜÉ, Bernard; Wolinski, J. *História dos Dogmas*. O Deus da Salvação. Tomo I. Trad.: Marcos Bagno. São Paulo: Loyola, 2002.

SICRE, José Luís. *Profetismo em Israel*. O profeta. Os profetas. A mensagem. Petrópolis: Vozes, 1996.

## 2

# A COOPERAÇÃO DE MARIA NA OBRA DA REDENÇÃO DE SEU FILHO

*Pe. Leonardo Mendes Soncin*[1]

## Introdução

O Gênero humano foi criado imaculado, sem mancha. O pecado deturpou o projeto original de Deus abrindo no coração do ser humano uma ferida que precisava ser curada. Pelo pecado o homem se perde e pela Graça o homem é resgatado.

A Igreja classifica como *"Proto-evangelho"* (*Redemptoris Mater* 11) o texto bíblico de Gênesis 3,15. De acordo com esse versículo, após a descoberta da queda do homem, Deus pronuncia um anúncio seguido de uma promessa: *"Porei hostilidade entre ti e a mulher, entre a tua linhagem e a linhagem dela. Ela te esmagará a cabeça e tu lhe ferirás o calcanhar".* Neste fragmento de texto inicia uma *"árdua luta contra as forças do mal que deve atravessar toda a história da humanidade"* (RM 11). A serpente agride o calcanhar e a descendência da mulher (Cristo) esmagará a cabeça da serpente e finalmente será vencida. Maria é preparada e inserida no plano divino de salvação e se encontra *"profeticamente delineada na promessa da vitória sobre a serpente"* (LG 55).

O go'el (redentor, resgatador) Lv 25,25; Rt 4,1-12, presente no AntigoTestamento, prefigura, de modo subentendido nas passagens bíblicas, a redenção que será plena em Cristo.

O Antigo Testamento prepara, portanto, aquele momento sublime da redenção de Jesus, que se dará quando nascer de "uma mulher". O tema da redenção presente no Antigo Testamento também está permeado da figura das mulheres, que participam e cooperam em diversos momentos na história da salvação, como, por exemplo, Abigail em 1Sm 25,23-25; Débora em Jz 4,5; Jt 13,1-12; Ester 8,12 e Rute 4,1-12.

Desse modo, preparado por Deus desde a queda dos primeiros pais, na *"plenitude do tempo"*, Maria é introduzida definitivamente no mistério de Cristo e, no acontecimento do Anúncio do Anjo (Lc 1,26), a *redenção é iniciada*. Na Eucaristia, Jesus pede aos discípulos que celebrem este acontecimento tornando este "memorial de sua paixão" *a redenção continuada* e que, na cruz, foi *consumada*. Nestes três momentos da redenção de Jesus, Maria coopera de modo especial, pois Cristo é plenamente compreendido por meio de Maria, modelo da Igreja.

Ao esperar com os Apóstolos a vinda do Espírito Santo, a Bem-aventurada Virgem Maria participa, com a Igreja, do prolongamento da ação evangelizadora por todo o mundo, até que venha o *dia glorioso do Senhor*. Deste modo, a Igreja é convidada a ser alegre no Anúncio da Boa-Nova de

Jesus, profética e plena do Espírito Santo, para que todos sejam atraídos no amor do Pai, do Filho e do Espírito Santo, tendo Maria por fiel cooperadora e intercessora nesta sublime missão de resgatar a humanidade, que constantemente deve lutar, movida pela graça redentora, contra as trevas do pecado, e alcançar a glória celeste.

## 1. Protótipo da redenção presente no Antigo Testamento

### 1.1. "Faça-se" e Deus

Quando a Terra estava sem forma e vazia e as trevas cobriam o abismo, o *Espírito* de Deus agitava a superfície das águas[2]; e pelo poder da *Palavra, Deus* cria todas as coisas. Ao criar o ser humano, arquétipo de sua imagem, realiza de modo admirável o "faça-se". Deus torna o homem e a mulher participantes de sua criação[3] para que, por meio da proximidade e comunhão, pudesse se comunicar a "*si mesmo*"[4] e revelar sua realidade infinita, amorosa e transcendente ao relacionar-se com a humanidade

O ser humano foi criado imaculado. Com o pecado cometido pelos primeiros pais, todo gênero humano carrega a mácula causada pela desobediência a seu Criador. Deus, porém, jamais abandona sua obra criadora e inicia um plano de salvação. Assim afirma *Lumen Gentium:*

> "Por decisão inteiramente livre e insondável de sua bondade e sabedoria, o eterno Pai criou o mundo, decidiu elevar os homens à participação de sua vida divina e não os abandonou quando pecaram em Adão; antes proporcionou-lhes sempre os

> auxílios necessários para se salvarem, na perspectiva de Cristo Redentor "que é a imagem do Deus invisível, o primogênito de todas as criaturas" (Cl 1,15). A todos os eleitos o Pai "designou desde a eternidade, predestinando-os a reproduzirem a Imagem de seu Filho a fim de que seja ele o mais velho de uma multidão de irmãos" (Rm 8,29) (Lumen Gentium, parágrafo 2).

Com o pecado de nossos antepassados, começa a acontecer a ação redentora de Deus para com a humanidade: Ele intervém na história para salvar e redimir o ser humano. Todo o Antigo testamento prepara, de modo figurado e/ou tipológico, a pessoa de Maria, que com o seu "Sim" (Fiat) participa e coopera (RM 39) com o projeto de redenção que Deus iniciou em Gênesis 3,15 e que plenifica em si mesma uma nova criação. Assim,

> os Livros do Antigo Testamento descrevem a história da salvação, que vai preparando, a passos lentos, a vinda de Cristo ao mundo. Estes primeiros documentos, tais como são lidos na Igreja e entendidos à luz da ulterior revelação completa, iluminam pouco a pouco, sempre com maior clareza, a figura de uma mulher, a Mãe do Redentor. Ela aparece, a esta luz, profeticamente esboçada na promessa da Vitória sobre a serpente, ferida a nossos primeiros pais, já caídos pelo pecado (cf. Gn 3,15). Do mesmo modo, ela é a Virgem que há de conceber e dar à luz um Filho cujo nome será Emanuel. (cf. Is 7,14; Mq 5,2-3; Mt 1,22-23) (*Lumen Gentium*. Parágrafo 55).

Desse modo, o "Faça-se" de Deus tem plena realização quando na "Plenitude dos Tempos" em Maria, ao dizer *"Faça se em mim"* segundo a Tua Palavra (Lc 1,38), torna-se ela mesma o *"lugar"* da nova criação.

## 1.2. Eva

Na teologia da promessa, o percurso transcorrido no Antigo Testamento para a vinda do Salvador foi permeado não somente pelos patriarcas, reis e profetas, mas, sobretudo, pela figura das mulheres que, de modo singular, têm lugar especial na revelação.

A figura de Eva geralmente é descrita com certa conotação negativa quando relemos a história do "paraíso". Ela foi criada para completar a existência do homem (Gn 2,8), *"pois o caráter criatural do homem se mostra no "ser um só" entre o homem e a mulher, onde ele deve se realizar plenamente"*[5]. Após o pecado original, Eva não perde a dignidade da grandeza de uma mulher que é intacta: O Mistério da vida. Embora tenha gerado com o homem a morte para todo o gênero humano, Eva continua carregando dentro de si o poder antagônico da morte:

> Ela conserva dentro de si o poder antagônico à morte, que, por sua vez, enquanto potência do nada, é a antítese de Iahweh, o Criador da vida, e do Deus dos vivos. Ela oferece o fruto da morte, cuja missão é misteriosamente irmanada à morte, é, no entanto, também guardiã do selo da vida, e a antítese da morte (Bento XVI. P. 13).

A mulher, portanto, carrega as chaves da vida, que toca, deste modo, no mistério do Ser de Deus, autor de toda a vida. Por isso o significado do nome de Eva não lhe foi tirado: "*Mãe de todos os viventes*" (Gn 3,20).

## 1.3. Go'el[6]

O termo Go'el[7] vem do hebraico *"Ga'al"*, que significa literalmente: Redimir. Este termo surge em paralelo com *"padah"* e tem por significado resgatar, libertar. Estes termos perpassam a história da Salvação iniciada no Antigo Testamento, nas ações de resgate de pessoas e bens materiais, sobretudo no contexto da libertação dos escravos do Egito e da eleição de um povo[8].

Encontramos presente na legislação de Levítico 25,25 uma elementar imagem da aplicação do termo go'el sobre propriedades: *"Se teu irmão se tornar pobre e vender uma parte de seu bem, seu parente mais próximo, que tiver o direito de resgate, apresentar-se-á e resgatará o que seu irmão vendeu"*. E no que diz respeito a resgate de pessoas em Levítico 25,35: *"Se teu irmão se tornar pobre junto de ti e suas mãos se enfraquecerem, sustenta-o, mesmo que se trate de um estrangeiro ou de um hóspede, a fim de que ele viva contigo"*.

A mulher também tem participação singular no go'el. O livro de Rute[9] narra a história de duas mulheres, Rute e Noemi. Rute, desamparada pela morte de seu esposo Elimelec, decide ficar com sua sogra Noemi, e esta traça um plano para que se case com Booz para assegurar descendência e terra. No capítulo 4,1-12 acontece o casamento de Rute com Booz e, assim, Booz, ao assumir Rute como esposa, garantiu-lhe posteridade. Booz aqui é o Go'el de Rute. No NovoTestamento, o Evangelho de Mateus refere-

-se explicitamente ao livro de Rute na genealogia de Jesus: *"Salmon agerou Booz, de Raabe. Booz gerou Obed, de Rute. Obed gerou Jessé. Jessé gerou o Rei Davi"* (Mt 1,5). A posteridade em Rute garantiu o Nascimento de Davi preparando, de modo direto, a vinda do Redentor.

Outro aspecto importante do termo Go'el é o que se encontra em Jó 19,25: *"Eu sei que meu Redentor está vivo e que, no fim, levantar-se-á sobre o pó".*[10] Jó, caluniado e condenado por seus amigos, espera um defensor, que é o próprio Deus. Assim as palavras resgate, redimir, defender ganham força e significado, sobretudo quando lemos a profecia de Isaías quando o próprio Deus afirma que Ele é quem resgatou Israel. *"Eu mesmo te ajudarei, oráculo do Senhor, teu redentor é o santo de Israel"* (41,14); *"Não temas, porque Eu te resgatei, chamei-te pelo nome; tu és meu"* (43,1); *"Eis que diz o Senhor, vosso redentor, o Santo de Israel: por vossa causa enviei alguém à Babilônia e mandei por abaixo todos os seus ferrolhos. Os caldeus mudarão os gritos em lamentações. Eu sou o Senhor, vosso santo, o Criador de Israel, vosso Rei"* (43,14). Muitas outras mulheres do AntigoTestamento se tornaram "figuras" que são como luzes para compreender a realização da promessa em Maria de Nazaré.

Com esta visão panorâmica sobre a temática da redenção, podemos mergulhar na realidade do Novo Testamento e compreender que a colaboração de Maria na obra redentora de seu Filho tem um papel imprescindível. A redenção acontece quando alguém assume para si a causa de outrem, devolvendo a dignidade que se tinha perdido. Deste modo, torna-se clara a profecia de Isaías 53,4 sobre o servo sofredor quando diz: *"Em verdade ele tomou sobre si nossas enfermidades, e carregou os nossos sofrimentos"*. Deus se revela como *"Esposo redentor"* que jamais irá abandonar a seu povo:

> Porque o teu esposo será o teu criador, Senhor dos exércitos é seu nome. O Santo de Israel é teu redentor. Ele se chama o Deus de toda a terra. Como uma esposa abandonada e acabrunhada, Senhor te chamou; como à mulher da sua mocidade, que teria sido repudiada, diz Deus: por um pouco de tempo te abandonei, mas agora com grande compaixão, te unirei a mim, em momento de cólera escondi de ti o rosto, mas logo me compadeci de ti, levado por amor eterno, diz o Senhor, o teu redentor (Is 54,5-8).

Este amor esponsal de Deus com a humanidade se concretiza na íntima relação com Maria de Nazaré que aceita ser a "Mãe do Redentor" (RM) quando, enfim, na chegada da "plenitude do tempo" ela coopera com a história da Salvação que foi prometida e preparada desde a queda do ser humano descritas no Antigo Testamento.

## 2. A cooperação de Maria nos três momentos históricos da redenção

### 2.1 Redenção iniciada: A Encarnação (Lc 1,26-38)

A teologia paulina sobre Maria[11] nos oferece uma chave de leitura que apresenta o objetivo para o qual o Pai enviou seu Filho: *"Quando, porém, chegou a plenitude do tempo, enviou Deus seu Filho, nascido de mulher, nascido sob a Lei, para resgatar os que estavam sob a Lei, a fim de que recebêssemos a adoção filial"* (Gl 4,4-5). Aquela promessa em Gênesis 3,15 se cumpre na plenitude dos tempos, quando Cristo, o Enviado do Pai, redime o ser humano esmagando a cabeça da serpente[12]. O acontecimento histórico da encarnação estabelece no mundo o mais sublime acontecimento de Deus na obra da Salvação. Por meio do consentimento de Maria, o Verbo Eterno assume a carne humana e entra de modo pleno na história, a fim de erguer o mundo decaído. Na encarnação, inicia a restauração do universo, reunindo em Cristo tudo o que estava disperso (Ef 1,10).

Querida, preparada e *"predestinada"* por Deus, Maria coopera com a obra redentora, pois *"assim como uma mulher tinha contribuído para a morte, também uma mulher contribuísse para a vida"*[13]. Tendo ouvido o Anúncio do Anjo, respondeu generosamente ao plano Divino com o sublime *"Fiat (Faça-se) em mim segundo tua vontade"* (Lc 1,26). A partir do momento em que Maria aceita ser a Mãe do Salvador, cumpre-se nela toda a profecia e, em seu ventre, pela força soberaníssima do Espírito Santo, tece e dá forma humana a Deus que nela é feito *carne*. Não uma carne qualquer, mas a verdadeira carne (Jo 6,55), que se tornará alimento verdadeiro que nutre nossa fome e sacia nossa sede (Jo 6,35).

A redenção do gênero humano, anunciada e iniciada em Gênesis 3,15 e realizada em Lucas 1,38, foi fruto de uma longa preparação. Fortalecida na luz da revelação Divina, percebe-se que Maria foi profeticamente delineada na história da Salvação esboçada na vitória sobre a serpente (LG 55). O Catecismo da Igreja Católica nos ensina que esta preparação de Maria foi permeada da missão das santas mulheres do Antigo Testamento. Em seu parágrafo 489 assim ensina:

> Ao longo de toda a Antiga Aliança, a missão de Maria foi preparada pela missão das santas mulheres. No princípio, está Eva a despeito de sua desobediência, ela recebe a promessa de uma descendência que será vitoriosa sobre o maligno e de ser a mãe de todos os viventes. Em virtude dessa promessa, Sara concebe um filho, apesar de sua idade avançada. Contra toda a expectativa humana, Deus escolheu o que era tido como impotente e fraco para mostrar a fidelidade a sua promessa: Ana, a mãe de Samuel, Débora, Rute, Judite, Ester e muitas outras mulheres. Maria, primeira entre os humildes e pobres do Senhor, que, com confiança, dele esperam a Salvação. Com ela, excelsa filha de Sião, depois de longa espera da promessa, completam-se os tempos e instaura-se a nova economia.

Desse modo, entenderam os Santos padres da Igreja, em particular Irineu de Lyon, *contra as heresias*[14], a relação entre "*Adão – Cristo e Eva – Maria*" apresentada na tradicional frase: "*O nó da desobediência de Eva foi desfeito pela obediência de Maria; o que a virgem Eva ligou pela incredulidade, a Virgem Maria desligou pela fé. Veio a morte por Eva e a vida por Maria*" (CIC 494).

Na demonstração da pregação apostólica de Irineu de Lyon, no paralelismo de Eva e Maria, ensina-nos o caráter da redenção iniciada:

> Como por causa de uma virgem desobediente, o homem foi ferido, caiu e morreu, assim também por causa de uma virgem obediente à Palavra de Deus [o homem] foi ressuscitado e

> recobrou a vida. Pois o Senhor veio buscar a ovelha perdida, ou seja, o homem que se perdeu. Por isso não formou um corpo diverso, mas por meio daquele que descendia de Adão, conservou a semelhança daquele corpo. Adão, de fato, foi recapitulado por Cristo, a fim de que o que é mortal fosse submerso na imortalidade, e Eva em Maria, a fim de que uma virgem, tornada advogada de uma virgem, dissolvesse e destruísse com a sua obediência de virgem a desobediência de uma virgem. O pecado cometido por causa da árvore foi anulado pela obediência cumprida sobre a árvore, obediência a Deus, pela qual o Filho do Homem foi pregado na árvore, abolindo a ciência do mal, e proporcionando e doando a ciência do bem. O mal é desobedecer a Deus. O bem é, ao invés, obedecer (Irineu de Lyon. par. 33).

"Fiat" – Maria viveu todo o mistério pascal de Jesus. Raniero Cantalamessa em seu livro: "Maria um espelho para a Igreja" ensina que existem três momentos desse "Fiat": o Fiat de Deus na criação (Gn 1,3), o Fiat de Jesus na Redenção, no Getsêmani, ao dizer Sim à vontade do Pai (Mt 26,39); e o Fiat de Maria (Lc 1,38) que a torna cooperadora na obra da redenção. Eva escolheu a palavra da serpente e gerou a morte pela desobediência, enquanto Maria, acolhendo a mensagem do Anjo com fé e alegria, respondeu: "Faça se em mim a tua vontade". Todas as vezes que escolhermos acolher em nós a Palavra de Deus com a mesma fé e disponibilidade de Maria, fazemos a experiência de sermos redimidos pela graça santificante.

Portanto a Encarnação está estreitamente ligada ao mistério da Salvação na Cruz, no qual, de modo sublime, concretiza-se a ação redentora de Cristo sobre a humanidade. E Maria, fiel cooperadora do projeto do Pai, recebe por *to-*

*das as gerações o título de "Bem aventurada"* (Lc 1,48), por ter acreditado e confiado na mensagem do Anjo, naquele sublime dia da encarnação, de que o *"nascido salvaria seu povo de seus pecados"* (Mt 1,21).

## 2.2. A Redenção Consumada e Redenção Continuada

Somente por meio do perdão a redenção acontece. Nos evangelhos podemos encontrar inúmeras pessoas que foram redimidas por Jesus por meio de um encontro pessoal com Ele. Eis alguns exemplos: a Samaritana no poço (Jo 4); a mulher adúltera perdoada (Jo 8,1-11); a cura de um paralítico (Lc 5,17-26); a pecadora perdoada que ama (Lc 7,36-50).

Na cruz, Jesus redime a humanidade com seu perdão. A primeira palavra de Jesus na Cruz é: *"Pai, perdoa-lhes"*. Comentando esta petição de Jesus, Bento XVI ensina:

> A primeira palavra de Jesus na Cruz – pronunciada quase enquanto o crucificavam – é a petição de perdão para quem o trata assim: "Pai, perdoa-lhes! Eles não sabem o que fazem!" (Lc 23,34). O que o Senhor tinha pregado no Sermão da Montanha, cumpre-o aqui pessoalmente. Ele não conhece ódio algum. Não grita vingança. Suplica perdão para todos os que o põem na cruz e dá razão a sua súplica: "Eles não Sabem o que fazem (Joseph Ratzinger, p. 562).

No acontecimento da cruz, a mãe de Misericórdia estava presente. E não estava lá como uma pessoa passiva, espectadora dos sofrimentos de seu filho. Aos pés da cruz, Maria compreendeu o que significa "ser misericórdia" e *recebeu de Jesus o testamento da caridade Divina, assumindo todos os seres humanos como filhos e filhas*[15]. As palavras de Cristo na cruz, dirigidas ao discípulo amado e a Maria como "Mulher", remetem-nos ao paraíso, em especial ao considerar o momento em que Deus entregou a Mulher a Adão para se completarem. Do mesmo modo, no sacrifício da cruz, Jesus entrega ao discípulo amado (comunidade) Maria, nova Eva, mãe da nova criação, para que, nesta comunidade, tendo Cristo – Novo Adão – como cabeça, possam viver o plano desejado por Deus desde a criação do mundo. Sendo assim, Maria e a Igreja se completam perfeitamente, de modo que a Igreja não pode ser entendida sem Maria. O termo "Mulher", que Jesus utiliza na cruz para dirigir-se a sua mãe, tem singular significado: nas bodas de Caná e junto à Cruz, o título de "Mulher" é associada à obra Salvífica. Pois tendo Deus criado homem e mulher (Adão e Eva), o Deus quis também que, ao lado de Cristo na árvore da cruz, o novo Adão estivesse a seu lado, Maria, Nova Eva.

As últimas palavras de Cristo na cruz foram: *"está consumado"* (Jo 19,30). Bento XVI, comentando esta passagem, afirma que a expressão "está consumado", no grego (*tetélestai*), remete para trás, para o princípio da paixão, a hora do lava-pés, em que o relato introduzido pelo evangelista sublinhou que Jesus amou os seus *"até o fim (télos)"* (Jo 13,1).

> Esse "fim", esse extremo cumprimento do amor, alcança-se agora, no momento da morte. Ele foi realmente até o fim, até o limite e mais à frente do limite. Ele realizou a totalidade do amor, doou-se a si mesmo (BENTO XVI. P. 574).

Ainda sobre o mistério da redenção na Cruz, o Papa Francisco, em sua exortação apostólica, *Evangelii Gaudium*,

285, de modo profundo, que toca o coração, descreve este momento:

> Na cruz, quando Cristo suportava em sua carne o dramático encontro entre o pecado do mundo e a misericórdia divina, pôde ver a seus pés a presença consoladora da Mãe e do amigo. Naquele momento crucial, antes de declarar consumada a obra que o Pai Lhe havia confiado, Jesus disse a Maria: «Mulher, eis o teu filho!» E, logo a seguir, disse ao amigo bem-amado: «Eis a tua mãe!» (Jo 19,26-27). Estas palavras de Jesus, no limiar da morte, não exprimem primariamente uma terna preocupação por sua Mãe; mas são, antes, uma fórmula de revelação que manifesta o mistério duma missão salvífica especial. Jesus deixava-nos a sua Mãe como nossa Mãe. E só depois de fazer isto é que Jesus pôde sentir que «tudo se consumara» (Jo 19,28). Ao pé da cruz, na hora suprema da nova criação, Cristo conduz-nos a Maria; conduz-nos a Ela porque não quer que caminhemos sem uma mãe; e, nesta imagem materna, o povo lê todos os mistérios do Evangelho. Não é do agrado do Senhor que falte à sua Igreja o ícone feminino. Ela, que O gerou com tanta fé, também acompanha «o resto da sua descendência, isto é, os que observam os mandamentos de Deus e guardam o testemunho de Jesus» (Ap 12,17). Esta ligação íntima entre Maria, a Igreja e cada fiel, enquanto de maneira diversa geram Cristo, foi maravilhosamente expressa pelo Beato Isaac da Estrela: "Nas Escrituras divinamente inspiradas, o que se atribui em geral à Igreja, Virgem e Mãe, aplica-se em especial à Virgem Maria (...). Além disso, cada alma fiel é igualmente, a seu modo, esposa do Verbo de Deus, mãe de Cristo, filha e irmã, virgem e mãe fecunda. (...) No tabernáculo do ventre de Maria, Cristo habitou durante nove meses; no tabernáculo da fé da Igreja, permanecerá até o fim do mundo; no conhecimento e amor da alma fiel habitará pelos séculos dos séculos.

Na Cruz, a "hora" de Jesus havia chegado. Agora se realiza a plenitude dos sinais apresentados pelo evangelista João nas Bodas de Caná e revelado na Eucaristia. A presença de Maria, que participa efetivamente do primeiro sinal da água transformada em vinho, aponta que ela é "*a Mulher aberta ao futuro, às promessas de Deus*"[16]. Por isso, ao perceber que não havia vinho, ela se dirige a seu filho apresentando aquela embaraçosa situação. O "sinal" das bodas realizadas indicam a realidade futura daquela "hora" de Jesus, na qual Maria esteve sempre aberta; e naquelas 6 talhas utilizadas foram entregues ao mestre-sala o "melhor vinho" (Jo 2,10). *A sétima talha é Cristo*[17]: será inaugurada com sua morte na cruz quando o soldado lhe ferir com a lança seu lado jorrando sangue e água. As dores de Jesus se tornam as dores de Maria, cumprindo-se a profecia de Simeão: "*Quanto a ti, uma espada traspassará a tua alma*" (Lc 2,35). Antes, porém da obra da redenção se consumar na cruz, Jesus instituiu a Eucaristia como memória permanente do Sacrifício.

Em Gênesis 3,15 a serpente fere o calcanhar. A partir do pecado, o caminhar do homem se torna ferido, manco, incapaz. Antes de ser ferido por nossos pecados, na ceia Eucarística, "*Jesus se levanta da mesa, depõe o manto e, tomando uma toalha, cinge-se com ela. Depois põe água em uma bacia e começa a lavar os pés dos discípulos e a enxugá-los com a toalha com que estava cingido*" (Jo 13,4-5). Esse gesto de Jesus cura os ferimentos da humanidade. Pelo pecado, o homem se desequilibra, não consegue firmar os pés para caminhar e permanecer firme. Foi necessário Cristo, em um gesto de escravo, colocar o ser humano na condição de senhorio e lavar nossos pés para que se "cure todo aquele que é manco" (Hb 12,13). É um gesto de esvaziamento total de sua condição divina se fazendo de escravo e mestre ao mesmo tempo. No simbolismo desse gesto, Cristo nos torna curados por seu amor. Somente com os pés curados é que se pode permanecer firme de pé junto a cruz. E este exemplo nos deu Maria quando não se curvou e permaneceu de pé aos pés da Cruz (Jo 19,25); e, junto à cruz, o discípulo amado que na ceia teve seus pés lavados pelo mestre. Assim, pode-se dizer que *"Maria participa mediante a fé no mistério desconcertante desse despojamento"* (RM 18), porque viveu com seu filho todos os momentos importantes até sua entrega e seu despojamento total.

> Elevado na árvore da cruz, Cristo se transformará em um fruto maduro e luminoso. O Cristo, fruto bendito do ventre de Maria, será colhido maduro em uma Sexta-feira Santa, por um homem, João, filiado por Jesus a uma mulher, Maria. Aos pés da cruz, aos pés de Jesus, eles se mantêm de pé, eretos e não curvados ou abatidos. Podem abandonar seus fardos aos pés da cruz, doravante a humanidade poderá ficar de pé (EDUARDO, Evaristo de Miranda, p. 71).

É impossível não pensar na cena em que Maria, ao aproximar-se de seu filho morto na cruz e ao tocar no madeiro para enxugar o sangue que escorria, colhia o sinal tangível das primícias do Espírito. Tornou, com este ato, a primeira a ser *"batizada no Espírito[18], ao pé da cruz como representante de toda a Igreja"* (Cantalamessa, p. 207).

Aos pés da cruz, João colocou Maria no centro do mistério pascal. Deste modo, a Igreja vive da Eucaristia, fonte e ápice da vida cristã, e tem Maria por fiel cooperadora na obra da redenção de seu Filho. Maria não só assistiu à morte e derrota de seu filho, mas participou de sua vitória entregando se a Ele e viu sua glória que se manifesta no amor.

Se Maria viveu todos os momentos importantes da vida de seu filho, pode-se afirmar que ela é a mulher Eucarística, pois Jesus estava essencialmente no centro de toda a sua vida. Na instituição da Eucaristia não é mencionado o nome de Maria, mas sim no cenáculo (At 1,12-14), onde, desde o início da Igreja, estava presente nas celebrações das primeiras gerações de cristãos. A relação da Eucaristia com Maria está em abandonar-se inteiramente sem reservas a Deus. Uma atitude interior que, somente por meio da profunda vivência da fé, pode-se alcançar. Assim, podemos inferir que à luz do jeito de Maria é que se pode alçar voo em direção à união íntima com Deus. Na encíclica do papa João Paulo II *Ecclesia de Eucharistia* em seu capítulo VI com o título: *Na escola de Maria, mulher Eucarística*, afirma:

> Se a Eucaristia é um mistério de fé que excede tanto a nossa inteligência que nos obriga ao mais puro abandono à Palavra de Deus, ninguém melhor do que Maria pode servir-nos de apoio, de guia nesta atitude de abandono (Ecclesia de Eucharistia, n. 54).

Em cada Eucaristia, Maria é apresentada a nós através das orações eucarísticas, nas missas solenes em Louvor a Deus pelo dom de sua imaculada conceição, maternidade, virgindade e assunção, guiando a Igreja peregrina neste mundo em direção a seu Filho. Desta maneira, Maria, modelo da Igreja orante, participa e coopera com seu filho na obra redentora da humanidade. É o que se refere o Papa ao afirmar que, na *"Eucaristia, a Igreja une-se plenamente a Cristo e a seu sacrifício, com o mesmo espírito de Maria"* (*Ecclesia de Eucharistia*, n. 58).

Maria coopera plenamente na obra redentora de seu filho e é celebrada como a "Bem-aventurada entre todas as gerações porque acreditou" (Lc 1,45.48). A Igreja, mergulhada nesta certeza, proclama e roga a Maria sua intercessão nas orações eucarísticas para que, por meio desse perpétuo sacrifício, o gênero humano se entregue confiante e sem reservas ao amor de Cristo do mesmo modo que Maria se entregou a Ele. Ao redimir o ser humano, a Igreja vive e proclama esta certeza no mistério revelado de nossa fé. Em um dos prefácios sobre Nossa Senhora, como *"Maria, modelo e Mãe da Igreja"*, podemos contemplar excelso e sublime poder da redenção iniciada, consumada e continuada:

> Acolhendo vossa Palavra no coração sem mancha, mereceu concebê-lo no seio virginal e, ao dar à luz o Fundador, acalentou a Igreja que nascia (Redenção Iniciada).
> Recebendo aos pés da cruz o testamento da caridade divina, assumiu todos os seres humanos como filhos e filhas, renascidos para a vida eterna pela morte de Cristo (Redenção consumada).
> Ao esperar com os apóstolos o Espírito Santo, unindo suas súplicas às preces dos discípulos, tornou-se modelo da igreja orante (Redenção continuada).
> Arrebatada à glória dos céus, acompanha até hoje com amor de mãe a Igreja que caminha na terra, guiando-lhes os passos para a pátria até que venha o dia glorioso do Senhor" (Redenção escatológica) (Missal Romano, p. 953).

Sem Maria a Igreja é incompleta. Por meio dela compreendemos o mistério de seu Filho redentor. Na Liturgia da Igreja, o papa João Paulo II compara o Sim de Maria na encarnação com o amém de cada fiel que se aproxima da comunhão eucarística[19]. A presença de Maria no calvário carrega o significado do desejo de oferta, convidando cada um a se entregar sem reservas a seu Filho. Maria, portanto, está presente, com a Igreja e como Mãe da Igreja, em cada uma das celebrações eucarísticas para cooperar com seu Filho na obra da redenção de todo o gênero humano "até que venha aquele dia glorioso do Senhor".

## 3. Prospectiva

### 3.1. Já e ainda não

A vida não termina com a morte. Santa Teresinha do Menino Jesus entendeu com fidelidade o significado da morte com esta expressão: *"Não é a morte que me virá buscar, mas, sim, o Bom Deus. Não morro, entro na Vida"*.[20]

Na manhã do domingo de Páscoa, as mulheres foram ao sepulcro e o encontraram vazio. Os relatos dos evangelhos não afirmam que Maria, a Mãe de Jesus, tinha ido ao sepulcro com as outras mulheres no domingo (Jo 20,1-2; Lc 24,1-10). Ela não precisava ir ao sepulcro, pois sabia muito bem que deveria esperar a realização das promessas do Senhor. Assim se cumpre a expressão de Isabel no dia da visitação de Maria: *"Feliz é aquela que acreditou porque será cumprido o que o Senhor prometeu"* (Lc 1,45). Ela não acreditou somente na encarnação, mas em toda a obra de Salvação.

Após Pentecostes, a Igreja assumiu com a força do Espírito Santo o anúncio do Evangelho, e Maria foi levada por seu Filho, que a introduziu na eternidade do céu, ela, que é toda Imaculada. Deste modo, Maria se torna a primeira redimida a ser total e inteiramente assumida por Deus e se torna Imagem da Igreja que *"já"* vive aquela certeza do gozo celeste, mas também o *"ainda não"*, porque vivemos na esperança de um dia recebermos a coroa da vitória. Maria já está vivendo o que foi prometido para cada um de nós (GS 39). *"Maria é, portanto, a Imagem e o começo da Igreja, como deverá ser consumada no tempo futuro. Assim também ela brilha aqui na terra como sinal de esperança segura e do conforto para o Povo de Deus em peregrinação, até que chegue o dia do Senhor"* (LG 68).

Na Santíssima Virgem, a Igreja alcançou já aquela perfeição sem mancha nem ruga que lhe é própria (Ef 5,27), os fiéis ainda têm de trabalhar para vencer o pecado e crescer na santidade; por isso levantam os olhos para Maria, que brilha como modelo de virtudes sobre toda a família dos eleitos.

A Igreja, em sua sabedoria, elaborou um missal de Nossa Senhora com diversos títulos a serem celebrados. O título *"Santa Maria, Nova mulher"*[21] se destaca em seu prefácio, pois exprime as virtudes de Maria que a Igreja é chamada a viver:

> A Cristo, autor da nova aliança, destes como Mãe a Santa Virgem Maria e a associastes a seu mistério de salvação, constituindo-a primícias de vosso novo povo. Concebida sem mancha de pecado e enriquecida com os dons de vossa graça, ela é verdadeiramente a mulher nova, a primeira discípula da nova lei. É a mulher alegre em vosso serviço, dócil à voz do Espírito Santo e solícita na fidelidade a vossa palavra. É a mulher ditosa por sua fé, abençoada em seu Filho e exaltada entre os humildes. É a mulher forte na tribulação, firme junto à cruz de seu Filho, gloriosa em sua partida deste mundo.

Uma Igreja alegre, viva e fecunda, que saiba reconhecer os sinais dos tempos e viver como Maria viveu. Jesus ia assumindo sua Mãe a cada momento em que ela se entregava a Ele. Acontece com cada cristão também. Na medida em que caminhamos na Terra entregues a Jesus, ele assume nossa condição fraca e pecadora e nos resgata, cura-nos, transforma-nos e nos faz experimentar nesta vida um pouco do que nos dará quando chegarmos à vida plena após a morte. Portanto, cada cristão é chamado a participar dos mistérios de Cristo com a intercessão de Maria, que guia cada filho com sua ternura para alcançarmos a plenitude da vida e vivermos eternamente no céu.

## Considerações finais

Quando Deus formou o homem do pó da terra foi necessário comunicar seu hálito de vida para que nos tornássemos um ser vivente. Deus nos criou para viver nele e com Ele. Mas o pecado roubou esta dádiva, pois é o grande ladrão da vida que torna o ser humano incapaz de comunicar o Amor. Santa Teresa d'Ávila, em seu poema "Nada te Perturbe", dizia: *"A paciência tudo alcança. Deus não muda"*. Ele nos criou por amor e é por este mesmo amor que a salvação aconteceu. Ao longo da história, na paciência de Deus, a revelação foi sutilmente acontecendo. Primeiro no protoevangelho de Gn 3,15; em seguida, com as pré-figurações de Maria por meio de várias mulheres e matriarcas presentes no Antigo Testamento e, por fim, com a Plenitude do Tempo, por intermédio de Maria, Deus esperado veio ao mundo.

Maria cooperou com amor e fidelidade no projeto de salvação. Nela se cumpriu a redenção iniciada ao dizer o sublime Sim na encarnação; na cruz e Eucaristia Maria ensina a Igreja a viver o despojamento e a entrega total a seu Filho. Com a mesma confiança e entrega de Maria, a Igreja é convocada a ser espelho da realidade celeste para atrair todas as pessoas para Deus. Assim *"da alegria trazida pelo Senhor ninguém é excluído. Quem arrisca o Senhor não o desilude; e, quando se dá um pequeno passo em direção a Jesus, descobre-se que ele já o aguardava de braços abertos a sua Chegada"* (EG p. 3).

*Reza a Maria, roga a Maria.*

# NOTAS

[1] Sacerdote da Diocese de Itapetininga, Bacharel em Filosofia na Universidade de Sorocaba, Bacharel em Teologia pelo Instituto de Teologia São João Paulo II, Especialista em catequese pelo Instituto Salesiano PIO X, Especialista em Mariologia pela Academia Marial de Aparecida e faculdade Dehoniana, 2021-2023. Assessor de IVC da diocese de Itapetininga desde 2017 e Assessor da comissão de I.V.C da Província de Sorocaba e membro da coordenação do Sub regional Sul 1 do Estado de São Paulo – CNBB.

[2] Gênesis 1.

[3] Gênesis 1,28.

[4] E ao dizermos que Deus está presente para nós na absoluta autocomunicação, queremos por outro lado, dizer que esta autocomunicação de Deus está presente na forma de proximidade e não só na forma de estar presente-ausente, mas presente como alguém que se comunica a si próprio. Autocomunicação divina significa, portanto, comunicar a sua própria realidade a uma realidade não divina sem deixar de ser esta realidade infinita e o mistério absoluto que É, e sem que o homem deixe se ser o ente finito criado por Deus, voltado para a transcedentalidade. HANER, Karl. *Curso Fundamental da Fé*. Paulus. 1989. P. 149.

[5] RATZINGUER, Joseph, Bento XVI. A Filha de Sião. A Devoção Mariana na Igreja. Ed Paulus, 1ª edição, 2013. P. 12.

[6] Salvação. Em hebraico, esse termo pode ter vários significados, como por exemplo "vingador de Sangue". Mas no contexto em questão o significado é outro: Ga'al, reivindicar, resgatar, libertar. Aqui Go'el exprime a noção pessoal de salvador. Na tradução dos LXX, significa: sal-

var, preservar, cuidar. É neste sentido que o termo Go'el é apresentado neste texto. Yves – Jean Lacoste. Dicionário Crítico de Teologia. Loyola/ Paulinas. 2ª ed. 2014. P. 1592.

[7] Significa basicamente "redimir uma pessoa ou uma propriedade, pagando o preço da venda e recuperando o perdido". A obrigação do resgate pertencia ao «go'el», o parente mais próximo da pessoa prejudicada. VAZ, Armindo dos Santos. Artigo. Vocabulário bíblico da Redenção. P. 5.

[8] Vários textos, como, por exemplo, Sl 77, 16, Dt 4, 37 e 7, 7-11, e o texto da tradição sacerdotal Ex 6, 2-8 deixam ecoar a metáfora do "resgate" e a saída do Egito juntamente com a menção dos "pais", os patriarcas Abraão, Isaac e Jacob, com os quais o Senhor teria entrado em contacto já antes 6. Aliás, em Dt 7,6s, a referência à eleição é explícita. A libertação de Israel é vista, na perspectiva bíblica, como fiel cumprimento duma promessa divina, em que Deus é fiel a si próprio (Dt 7, 9). Outros textos relativos ao Êxodo não fazem remontar a eleição divina de Israel mais além da libertação do Egito (cf. vgr Ex 15, 13.16; Sl 74, 2). Mas, mesmo então, o Povo aparece redimido da escravidão estrangeira para converter-se em propriedade de Deus. (VAZ, Armindo dos Santos (Artigo. Vocabulário bíblico da Redenção. P. 7).

[9] Bíblia Ave Maria. Edição de estudos. Editora Ave Maria, 1ª edição. P. 359.

[10] A palavra go'el, imperfeitamente traduzida como defensor aplica se muitas vezes a Deus, salvador de seu povo e vingador dos oprimidos. Foi aplicada ao Messias pelo Judaísmo rabínico, de onde sem dúvida, veio a tradução de São Gerônimo "meu Redentor" (Bíblia de Jerusalém. Paulus. 5ª Edição, 2008. P. 826.

[11] Do ponto de vista dogmático, a mulher de Gálatas 4,4 é o texto mariológico mais significativo do N.T, pois encontramos implicitamente o dogma fundamental da doutrina mariana: a maternidade divina. HAUKE. Manfred. *Introdução à Mariologia.* Rio de Janeiro: Ecclesiae, 1ª edição, 2021. P. 41.

[12] A tradição bíblica coloca a antiga promessa já em um contexto messiânica. Seguindo este caminho, a Septuaginta (LXX, a tradução grega mais importante do A.T) concretiza a "linhagem" vencedora da mulher

de modo pessoal: *autós* (Pronome grego masculino) "Ele" esmagará a cabeça da serpente. "Ele" é uma pessoa concreta, não simplesmente a humanidade enquanto gênero. Mas as duas interpretações (Messias – humanidade) não se excluem. Da mesma forma como também não se exclui o sentido mariano neste texto com a participação de Maria nova Eva, na luta contra o mal. Os padres da Igreja Justino e Irineu colocam ao lado do paralelo "Adão – Cristo" aquele "Eva – Maria". A "mulher" do Gênesis é Eva em sentido imperfeito, mas o significado da profecia se cumpre perfeitamente em Maria, "Nova Eva", oposta radicalmente à serpente enquanto é Mãe do Messias. HAUKE. Manfred. *Introdução à Mariologia.* Rio de Janeiro: Ecclesiae, 1ª edição, 2021. P. 34-35.

[13] *Lumen Gentium* n. 56.

[14] Santo Irineu de Lyon. Adversus Haereses, 2,22,4 (p. 7, 959-960).

[15] Missal Romano. Prefácio sobre Nossa Senhora, Mãe da Igreja. P. 953.

[16] Grande comentário Bíblico. O Evangelho de São João. MATEOS, Juan - Juan Barreto. Paulus. P. 145-146.

[17] A frase *o mantivesse guardado até agora* contém outra alusão à morte de Jesus. Ele em quem resido o Espírito (1,32s), o entregará somente em "sua hora", como fruto de sua morte (19,30: entregou o Espírito). O que recebe o mestre-sala e não compreende e nem aceita é apenas amostra do que será realizado na cruz, no momento em que terminada a obra criadora (19,30: está consumado), inaugurar-se-á a nova aliança. Grande comentário Bíblico. O Evangelho de São João. MATEOS, Juan - Juan Barreto. Paulus. P. 145-146.

[18] Por "a primeira a ser batizada no Espírito" entende-se como o cumprimento de Mateus 3,11 onde se diz: "pois ele vos batizará com fogo e com Espírito". A água indica o batismo no espírito e o Sangue indica o batismo no fogo (Cantalamessa, Raniero. Maria um espelho para a Igreja. Ed Santuário, 1992. P. 205).

[19] HAUKE. Manfred. *Introdução à Mariologia.* Rio de Janeiro: Ecclesiae, 1ª edição.2021. P. 347.

[20] MENINO JESUS. *Teresa. Obras Completas*. Carta 244. P. 595. Ed. Loyola, São Paulo, Brasil, 1997.

[21] *Missas de Nossa Senhora*. Edições CNBB: Brasília, 2016, p. 119-122.

# REFERÊNCIAS


BÍBLIA Ave Maria. Edição de estudos. Editora Ave Maria, 1ª edição.

BÍBLIA Jerusalém. Paulus. 5ª edição. 2008.

CATECISMO DA IGREJA CATÓLICA. Loyola; 5ª Edição. 2022.

CANTALAMESSA, Raniero. *Maria, um espelho para a Igreja.* Ed Santuário. 16ª edição, 2019.

*Ecclesia de Eucharistia.* Papa João Paulo II.

EDUARDO, Evaristo de Miranda. O corpo território do sagrado. Loyola. 8ª Edição, 2014.

*Evangelii Gaudium. A Alegria do Evangelho. Exortação apostólica.* Papa Francisco. Ed Loyola, 2013.

Grande comentário Bíblico. O Evangelho de São João. MATEOS, Juan - Juan Barreto. Paulus. 3ª Edição, 2011.

HANER, Karl. *Curso Fundamental da Fé*. Paulus, 1989. p 149.

HAUKE. Manfred. *Introdução à Mariologia.* Rio de Janeiro: Ecclesiae, 1ª edição, 2021.

LYON. Irineu. Demonstração da pregação apostólica. Coleção Patrística. Paulus, 2014.

*Lumen Gentium.*

LACOSTE, Jean-Yves. *Dicionário Crítico de Teologia.* Loyola/ Paulinas. 2ª Ed. 2014.

*Redemptoris Mater.* Papa João Paulo II. 1987.

RATZINGER, Joseph, Bento XVI. *A Filha de Sião.* A Devoção Mariana na Igreja. Ed Paulus, 1ª edição, 2013.

RATZINGER, Joseph. *Jesus de Nazaré.* Contribuições para a cristologia, Tomo I. Ed. CNBB, 2021.

*Spe Salvi.* A Esperança Cristã.

MENINO JESUS. *Teresa. Obras Completas.* Ed. Loyola, São Paulo, Brasil,1997.

Missas de Nossa Senhora. Edições CNBB: Brasília, 2016, p. 119-122.

VAZ, Armindo dos Santos. Artigo. Vocabulário bíblico da Redenção.

# ÍNDICE

Este livro foi composto com as famílias tipográficas Calibri e Segoe UI
e impresso em papel Offset 70g/m² pela **Gráfica Santuário.**